Stille Orte | Lieux d'aisance | Ritirate | Quiet Places

◄ Mäderhütte | 2626 m | Ried-Brig VS

www.as-verlag.ch

© AS Verlag & Buchkonzept AG, Zürich 2015
Gestaltung und Herstellung: AS Verlag, Urs Bolz, Zürich
Übersetzung Vorwort: Marco Volken (d),
Claude Richard (f), Robert Michaels (e)
Übersetzung übrige Texte: Bertrand Semelet (f),
Marco Volken (i), Martin Gutmann (e)
Korrektorat: Ellen Elfriede Schneider, Pratteln
Druck: B & K Offsetdruck GmbH, Ottersweier
Einband: Josef Spinner Großbuchbinderei GmbH, Ottersweier
ISBN 978-3-906055-41-1

Marco Volken

STILLE
ORTE

Stille Orte – Eine andere Reise durch die Schweiz
Lieux d'aisance – Un voyage insolite à travers la Suisse
Ritirate – Un viaggio inedito attraverso la Svizzera
Quiet Places – A unique journey through Switzerland

AS Verlag

Vorwort
Erminio Ferrari

Die Bilder in diesem Buch riechen nicht. Aber ihr Gegenstand erinnert uns unweigerlich an den Gestank, der uns manchmal entgegenkam wie ein Gruss, wenn wir eine Berghütte erreichten, ungeachtet der erschütternden Schönheit ihrer Lage. Leuchtende Gipfelflanken und übelriechende Latrinen: Wie oft hat uns eine seltsame, überraschende Verunsicherung beschlichen, ist ein Schatten über unser Gesicht gehuscht. Wir kamen beim Refuge d'Argentière an und spürten im Rücken die ungestüme Kraft der Aiguille Verte, der Droites, der Courtes, witterten im gleichen Atemzug aber auch einen unverwechselbaren Geruch, wie er sich zusammen mit dem Schmelzwasser über den Gletscher ausbreitete. Oder man trat auf eine Brüstung hinaus, um Notdurft und die Sorgen des Vorabends in eine geschändete Spalte plumpsen zu lassen. Zu welcher Kloake der Erdboden gewisser Basislager am Fuss der Himalaya-Kathedralen erniedrigt wurde, will ich mir gar nicht vorstellen. So schwierig es ist: Wir kommen nicht umhin, den Zauber oder die Verherrlichung der Landschaft mit den weniger edlen Spuren unserer Durchreise zu vereinbaren. Erst recht ungelöst bleibt die – kaum mehr nachhaltige – Belastung, wenn das «wir» beträchtliche Ausmasse annimmt, oder wenn der Ort zu hoch liegt und die emsigen Mikroorganismen, die für den ersten Abbau bestimmt sind, ihre Arbeit nicht verrichten können.

Wie gesagt: Spuren unserer Durchreise. Weil das Durchreisen im Endeffekt unsere irdische Bestimmung ist. Da fällt mir ein, wie ausgerechnet in einer properen Schweizer Toilette eine anonyme Hand eine Mahnung an die Wand gekritzelt hatte, die etwa so ging: «Was hast du mit Genuss gegessen, musst du leider hier vergessen.» Ein Reim, scheint mir, der nicht nur von der Nahrung und deren Endergebnis handelt, sondern vor allem von der Vergänglichkeit unserer irdischen Anwesenheit und der vergeblichen Vormacht des Habens über dem Sein. Denn schliesslich werden wir alles hier zurücklassen, was wir gewollt, genossen und besessen haben. Wohin dann die Reise auch geht, nach dem letzten Schritt, egal, ob jemand oder das Nichts auf uns wartet: Auf Erden angehäufte Schätze oder Ruhmestitel erhalten darin keinen Zutritt, Schuld glücklicherweise ebenso wenig. Auch die Einkehr für ein Bedürfnis kann uns also daran erinnern, selbst wenn der Ort kaum der poetischste ist, wie der grosse Enzo Jannacci gesungen hätte.

Und doch steckt Poesie in den hier porträtierten Orten. Sie liegt gewiss im «Schönen», dem wir leicht erliegen, verdankt sich aber noch mehr dem Blick des Fotografen. Intime Winkel, mal abgeschirmt von einer behelfsweisen Blechwand über dem Abgrund oder getarnt im Dickicht eines schützenden Walds, verloren in einer weiten Schneefläche, oder segensreiche Wegweiser durch eine winterliche Nebelbank, lachende Blendwerke vor Kulissen, die schweizerischer kaum sein könnten. Ein bisschen Heidi-Häuschen, ein bisschen chemische Toiletten à la Rockfestival, ein bisschen lustvolle Neuinterpretationen urbaner Archäologie, ein bisschen Tempelchen für die exklusive Selbsteinkehr. Elemente einer Durchreise also, die der Mensch auf dem Notenblatt seiner Zeit komponiert und abgestimmt hat, und die wiederum auf sein Sehen und Empfinden zurückwirken.

In diesem plastischen Licht, in den rauen Wänden aus Holz oder grob behauenem Stein liegt aber auch eine Würdigung dessen, was uns allen gemeinsam ist, und das Rabelais – mit seinem blasphemischen Grinsen – besser als alle anderen inszenierte: Dass gekrönte Häupter, Kardinäle, Weltklassemanager, Top Models, Alpinisten in der langsam erkennbaren Dämmerung des nahenden Morgens und mit der bevorstehenden Weite in den Augen, dass alle ... ähm, drücken. Ort und Art sucht sich jeder selbst aus und richtet sie her, wie es ihm am besten passt. Es ist kein Detail und auch keine ästhetische Marotte: Die unsere ist immerhin eine Welt, in der ein Drittel der Bevölkerung über keine sanitären Anlagen verfügt und durch die Benutzung von fäkal belastetem Wasser Infektionen einfängt, auch tödliche. Man muss nicht einmal weit zurückschauen, selbst im opulenten Europa unserer Tage, um sich an die Toiletten mit Streueinlage zu erinnern, an das Gemeinschafts-WC im Hinterhof, an jenes draussen über dem Balkon, kollektiv benutzt von Bewohnern metropolitaner Vorstädte. Bis hin zum Gedanken, dass die Art, «wie man sich befreit», ein Gradmesser für den Fortschritt sein kann, den wir aus Bequemlichkeit «Wohlstand» nennen. So weit, dass das Bedürfnis schliesslich der Verwöhnung gewichen ist, die mit goldenen Armaturen und Schüsseln flunkert.

Welch ein Glück also, wenn – bei allen Verlegenheiten, geflüsterten Worten, unsicheren Blicken und dem nächtlichen Durcheinander vor den Türen, die vor lauter Ungeduld oder eisiger Windstösse zuschlagen – ein rasches Frühstück und ein Besuch des Aborts unsere Lust aufs Aufbrechen wecken. Bis uns, die Hüttentüre zugezogen, das Gebirge packt.

Oder wenn wir, dieselben, uns am Ende eines Marschtages zurückziehen, wo man alleine sein und den Gedanken und Augen Auslauf gewähren darf. Während wir grübeln, ob wir den morgigen Aufstieg schaffen werden, den Himmel oder ein Buch ausforschen zu all dem, was wir nicht wissen, und uns fragen, ob jemand zu Hause vielleicht auf uns warten wird. Und uns an jenes schöne Lied und die Stimme von Fabrizio De André erinnern: «Auf den Diamanten wächst nichts, auf dem Mist wachsen die Blumen.»

Préface
Erminio Ferrari

Les photographies de ce livre n'ont pas d'odeur, mais leur sujet nous mène à nous souvenir des miasmes qui parfois sont venus à notre rencontre pour nous saluer, à notre arrivée aux refuges placés en des lieux d'une non moins déconcertante beauté. Parois luisantes et latrines malodorantes : que de fois un étrange désarroi nous a cueilli par surprise, et nous a assombri le visage. Nous arrivions au Refuge d'Argentière, et nous sentions à nos épaules la force inquiète de l'Aiguille Verte, des Droites, des Courtes, mais nous sentions aussi une particulière odeur se répandre sur le glacier, avec l'eau qui s'en écoulait. Ou on sortait sur un balcon pour laisser précipiter dans des crevasses offensées des déjections et des craintes pour le lendemain. Et je n'ose penser en quel égout est réduit le sous-sol de certains camps de base des cathédrales himalayennes. C'est si difficile, mais nécessaire, de concilier l'enchantement et l'exhaltation du paysage avec les signes les moins nobles de notre passage. Avec l'aggravant non encore résolu d'un impact souvent insoutenable quand ce « nous » signifie besoins impérieux de masse; ou quand l'altitude est trop élevée pour consentir aux laborieux microorganismes délégués d'agir à la première digestion.

Signes de notre passage, disais-je, car le passage, en définitive, est notre condition terrestre. Et je me souviens aussi que juste sur la paroi brillante d'une toilette suisse, une main anonyme avait écrit un avertissement qui, si je transcris correctement, disait: « Was hast du mit Genuss gegessen, musst du leider hier vergessen ». Une rime qui, ai-je toujours pensé, ne concerne pas seulement la nourriture et son issue finale, mais qui regarde surtout le caractère provisoire de notre présence sur terre et de la vaine prépondérance de l'avoir sur l'être : car à la fin tout ce que nous avons voulu, savouré, possédé, nous devons le laisser ici. Où irons nous après, le dernier pas accompli – qu'il y ait quelqu'un ou rien qui nous attende – trésors, mérites, et heureusement, fautes accumulées sur Terre n'y ferons rien. Même se retirer pour un besoin peut en définitive nous le remémorer, bien que l'endroit ne soit certes pas le plus poétique, comme l'aurait chanté le grand Enzo Jannacci.

Et pourtant il y a de la poésie dans les lieux dont on a fait le portrait dans ce livre. Grâce à la « beauté » de laquelle on s'éprend facilement, mais surtout à l'œil du photographe. Intimités protégées par une fragile tôle ondulée penchée au dessus d'un ravin, camouflées dans le fourré d'un bois protecteur, perdues dans une étendue de neige, poteaux indicateurs précieux dans un rideau de brouillard hivernal, oripaux souriants sur arrière-plans que plus suisses on ne peut. Un peu maisonettes de Heidi, un peu toilettes chimiques de festival rock, spirituelles réinterpretations d'archéologie urbaine, un peu petits temples de recueillement personnel. Eléments, en somme, d'un paysage que l'homme a conçu et accordé sur la partition de son propre temps, son regard et sa sensibilité en devenant pétris à leur tour.

Mais il y a aussi, dans cette lumière sculptée, dans ces grossières parois de bois ou de pierre sommairement dégrossie, il y a un rendre justice à ce qui est commun à tous, et que Rabelais mieux que quiconque mit copieusement en scène avec son sourire blasphématoire : têtes couronnées, cardinaux, word-class managers, top models, alpinistes avec dans les yeux les distances qui les attendent dans la clarté incertaine de l'aube qui viendra, tous ... hum, poussent. Et chacun cherche et accomode l'endroit et la façon comme mieux lui convient. Ce n'est ni un détail ni une manière esthétique. Le nôtre est aussi un monde dans lequel un tiers des habitants ne dispose pas de services hygiéniques et contracte infections mêmes mortelles par l'utilisation d'eaux contaminées par les excréments. Pas besoin d'aller très loin dans le temps, même dans l'opulente Europe actuelle, pour se souvenir des cabinets « à litière » ; ceux communs au fond de la cour; ceux dehors sur le balcon, ceux partagés par les habitants des périphéries urbaines. Jusqu'à penser que même «comment on la fait» peut être un indice de progrès de ce que paresseusement on appelle le « bien-être ». Au point qu'à la nécessité on a substitué le vice : qui raconte de robinets, mais aussi de tasses dorées.

Chanceux sommes-nous, alors, pour les embarras, les paroles sussurées, les regards incertains et la confusion nocturne devant les portes qui claquent d'impatience ou pour les courants d'air gelés, quand un rapide petit déjeuner et un passage aux cabinets réveille l'envie de partir. Puis, la porte du refuge fermée derrière nous, c'est la montagne qui nous prend.

Ou encore nous qui, à la dernière heure d'une journée de marche, nous retirons où on peut être seul et laisser aller les yeux en toute liberté. Nous demandant si demain on sera capable de grimper, interrogeant le ciel ou un livre sur tout ce que nous ne savons pas encore, et si peut-être quelqu'un nous attendra à la maison. Nous souvenant enfin de cette belle chanson et de la voix de Fabrizio De André: « Des diamants rien ne naît, du fumier naissent les fleurs. »

Introduzione
Erminio Ferrari

Le fotografie di questo libro non hanno odore, ma il loro soggetto non può non farci ricordare i miasmi che talvolta ci sono venuti incontro come saluto, arrivando a rifugi posti in luoghi di pur sconcertante bellezza. Pareti lucenti e latrine maleodoranti: quante volte uno strano smarrimento ci ha colti di sorpresa, un'ombra ci ha attraversato il viso. Arrivavamo al Refuge d'Argentière, e sentivamo alle spalle la forza inquieta dell'Aiguille Verte, delle Droites, delle Courtes, ma sentivamo anche un inconfondibile odore dilagare sul ghiacciaio, insieme all'acqua di fusione. O si usciva su una balconata per lasciar precipitare in crepacci offesi deiezioni e timori per l'indomani. E non oso pensare a quale cloaca è ridotto il sottosuolo di certi campi base delle cattedrali himalayane. È così difficile, ma necessario, conciliare l'incanto o l'esaltazione del paesaggio con i segni meno nobili del nostro passaggio. Con l'aggravante non ancora risolta di un impatto spesso insostenibile quando quel «noi» significa bisogni impellenti di massa; o quando la quota è troppo elevata per consentire di operare ai laboriosi microorganismi deputati al primo smaltimento.

Segni del nostro passaggio, dicevo, perché il passare, in definitiva, è la nostra condizione terrena. E ricordo anche che proprio sulla parete di una lustra toilette svizzera una mano anonima aveva iscritto un ammonimento che, se trascrivo giusto, diceva: «Was hast du mit Genuss gegessen, musst du leider hier vergessen.» Una rima, ho sempre pensato, che non riguarda solo il cibo e il suo esito finale, ma che ha soprattutto a che fare con la provvisorietà del nostro trovarci sulla terra e della vana prevalenza dell'avere sull'essere: poiché alla fine tutto ciò che abbiamo voluto, gustato, posseduto, lo dobbiamo lasciare qui. Dove andremo poi, compiuto l'ultimo passo – che vi sia qualcuno o il nulla ad attenderci – non potranno entrare tesori, meriti, né, ed è una fortuna, colpe accumulati in Terra. Anche ritirarsi per un bisogno può insomma ricordarcelo, benché il posto certo non sia il più poetico, come avrebbe cantato il grande Enzo Jannacci.

Eppure c'è della poesia nei luoghi ritratti in questo libro. Merito del «bello» di cui facilmente ci invaghiamo, ma soprattutto dell'occhio del fotografo. Intimità protette da una fragile lamiera affacciata su un dirupo, mimetizzate nel folto di un bosco protettore, smarrite in una distesa di neve, segnavia preziosi in una cortina di nebbia invernale, orpelli sorridenti su fondali che più svizzeri non si potrebbe. Un po' casette di Heidi, un po' gabinetti chimici da rock festival, un po' spiritose rivisitazioni di archeologia urbana, un po' tempietti di un raccoglimento esclusivo. Elementi, insomma, di un paesaggio che l'uomo ha concepito e accordato sullo spartito del proprio tempo, venendone a loro volta plasmati il suo sguardo e la sua sensibilità.

Ma c'è anche, in questa luce scolpita, in quelle ruvide pareti di legno o di pietra sommariamente sgrossata, c'è un rendere giustizia a ciò che tutti accomuna, e che Rabelais meglio di tutti mise doviziosamente in scena con il suo ghigno blasfemo: teste coronate, cardinali, world-class manager, top model, alpinisti con negli occhi le lontananze che li attendono nel chiarore incerto dell'alba ormai prossima, tutti... ehm, spingono. E ciascuno cerca e accomoda il luogo e il modo come più gli conviene. Non è un dettaglio e neppure un vezzo estetico: il nostro è pur un mondo del quale un terzo degli abitanti non dispone di servizi igienici e contrae infezioni anche mortali per l'utilizzo di acque contaminate dalle feci. Né bisogna andare troppo lontano nel tempo, anche nell'opulenta Europa dei nostri giorni, per ricordare i gabinetti «a strame»; quelli comuni in fondo al cortile; quelli fuori sul balcone, condivisi dagli abitanti di periferie metropolitane. Fino a pensare che anche «come la si fa» può essere un indice di avanzamento di quello che pigramente chiamiamo «benessere». Tanto che alla necessità ha finito per sostituirsi il vizio: che favoleggia di rubinetti, ma anche di tazze dorate.

Fortunati noi, allora, per gli imbarazzi, le parole sussurrate, gli sguardi incerti e il trambusto notturno davanti agli usci che sbattono per l'impazienza o per le correnti di aria gelata, quando una svelta colazione e un passaggio ai servizi ridestano la voglia di andare. Poi, chiusa alle spalle la porta del rifugio, è la montagna a prenderci.

O gli stessi noi che nell'ultima ora di un giorno di cammino ci ritiriamo dove soli si può stare e lasciare andare i pensieri e gli occhi in libertà. Domandandoci se domani ce la faremo a salire, interrogando il cielo o un libro su tutto ciò che ci manca di sapere, chiedendoci forse se a casa qualcuno ci aspetterà. Ricordando infine quella bella canzone e la voce di Fabrizio De André: «Dai diamanti non nasce niente, dal letame nascono i fior.»

Preface
Erminio Ferrari

Although the photographs in this book are practically odourless, their subject will most certainly bring to mind some impressive stenches that may have been encountered when arriving at mountain huts in places of disconcerting beauty. Shining walls and smelly latrines: how often has a strange bewilderment surprised us, like a shadow flitting over our face. We had almost arrived at the Refuge d'Argentière: behind us the uneasy power of the Aiguille Verte, the Droites and the Courtes and then: that unmistakeable malodour spreading across the glacier, cloying above the melting ice. The only possibility for relief, in fact, was only go out onto a balcony and yield excreta and fears for the morrow into dishonoured crevasses. Who can imagine to what kind of cloacae the subsoil of certain Himalayan cathedral base camps have been reduced. It is so difficult – but so very necessary – to be able to combine the charm and the exhilaration of the landscape with the less noble signs of our passing by; knowing, moreover, that the resulting impact can often be unsustainable, especially when «we» means masses of people with pressing needs, or when the altitude is too high to allow our friends, those ever-industrious microorganisms, to effect their primary disposal of our biological waste.

Signs of our passing, I note, because passing, in effect, is totally intrinsic to our earthly condition. I remember a warning, written on the wall of a luxurious Swiss toilet that said, if I remember rightly, «Was hast du mit Genuss gegessen, musst du leider hier vergessen.» A rhyme, I've always thought, that is not simply about food and its final destiny, but more about the temporary nature of our stay on this earth and the vain hegemony of having over being: for, in the end, everything that we have ever wanted, tasted or possessed, we must leave: here. Wherever we may end up after our last breath, though – whether there is someone or nothing waiting for us – no treasure, merit nor – luckily for us – sin, that we have accumulated here on earth, will follow us there. Thus simply going out for a urgent release can remind us of these truths, even if «...the place we go to is not at all poetic,» as the great singer Enzo Jannacci would have sung it.

Yet there is poetry in the places portrayed in this book. Poetry not just simply in «beauty» – with which we all too easily fall in love – but above all in the eye of the photographer. Intimacy defended by a fragile sheet of metal overlooking a cliff, camouflaged by the density of the protecting forest, lost in an expanse of snow, with a precious signpost in a curtain of winter fog, tinsel smiling at depths that could never be more Swiss. A bit like small Heidi-chalets, but also like chemical toilets for a rock-festival, or witty reinterpretations of urban archaeology: perhaps even tiny temples for exclusive meditation classes. Elements, indeed, of a landscape that man has composed and harmonized in the physical score of his times, while at the same time reshaping his own vision and sensitivity.

But there is also, in this sculptured light, in those tough wooden or roughly hewn rock walls, a kind of justice regarding everything that all of us have in common, that which Rabelais – better than anyone – described for the stage with his blasphemous grin: crowned heads, cardinals, world-class managers, top models: even mountaineers with their eyes focussed on the vast spaces that await them in the uncertain light of nearing dawn – all of them ... er, must push. And each one of them seeks out and uses the place in the manner that suits them best. This is no mere detail or aesthetic vagary: indeed, this world of ours is a place where one third of its inhabitants do not even have toilets and thus may easily contract mortally dangerous infections through the use of water contaminated by faeces. Nor does one have to go that far back in time, even in this opulent Europe of today, to remember toilets with straw; the communal ones at the end of courtyards, the outside ones on balconies, all shared daily by the inhabitants of metropolitan suburbs. To think that even «how you do it» can be an indication of progress that we lazily call «well-being». So much so that necessity has been replaced by vice: vice that imagines not only taps, but also bowls: plated with gold.

Lucky us, then – with our embarrassments, our whisperings, uncertain glances and the night-time bustle in front of doors impatiently slammed and laced with currents of ice-cold air – when a quick breakfast and a trip to the loo reawaken our desire to start out once again on our way. Then, having closed the door of the mountain hut, once more the mountain itself to embrace us.

Or, maybe, us again, in the last hour of a day of walking, when we retire to where we can at last be alone to let our thoughts and our eyes wander in hard-earned freedom. A moment when we can ask ourselves if we'll be able to make the climb tomorrow, questioning the sky or a book on everything we don't know, perhaps wondering if maybe someone will be waiting for us at home. Perhaps remembering that beautiful song by Fabrizio De André: «Though diamonds may bear naught: / 'tis from dung that flowers be wrought...».

Eine andere Reise durch die Schweiz | Un voyage insolite à travers la Suisse | Un viaggio inedito attraverso la Svizzera | A unique journey through Switzerland

Capanna Piansecco (vecchia)
1980 m | Bedretto TI

Postazione militare Fieudo | 2232 m | Airolo TI

Accantonamento militare Lago della Sella | 2296 m | Airolo TI

Cascine d'Afata | 1945 m | Giornico TI

Pèrn | 1623 m | Giornico TI

Falesia di Sasc Furnón | 905 m | Sobrio TI

Capanna Alzasca | 1729 m | Maggia TI

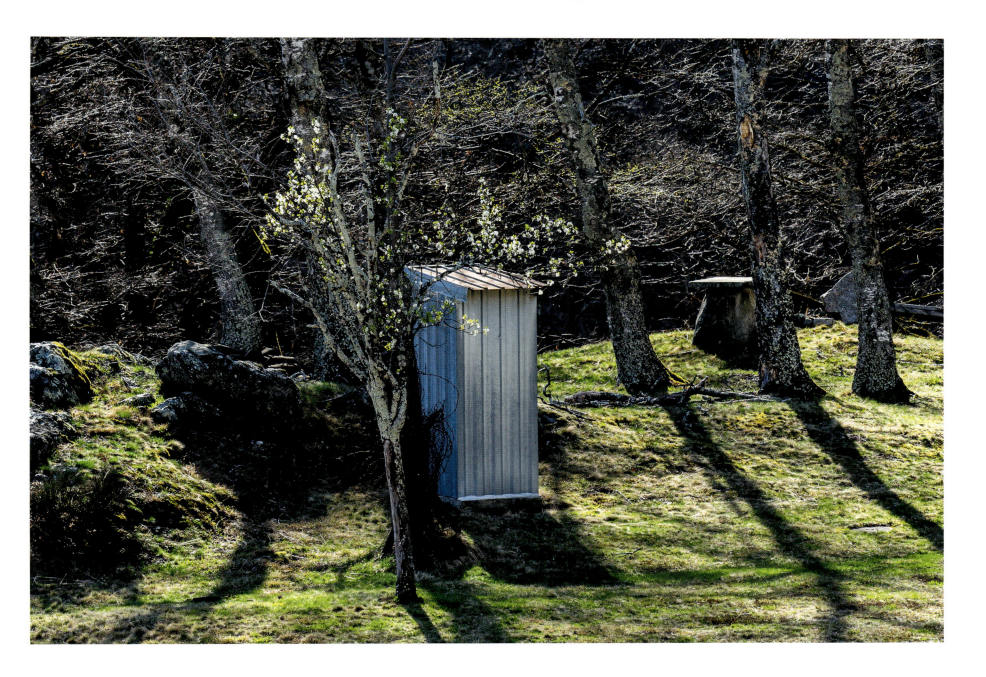

Streccia | 652 m | Terre di Pedemonte TI

Pidiozza | 874 m | Onsernone TI

Daghéi di Dentro | 956 m | Brione (Verzasca) TI

Pianello | 1368 m | Brione (Verzasca) TI

Cortesell | 1352 m | Brione (Verzasca) TI

Alpe di Pèu | 1725 m | Cresciano TI

Rifugio Alpe Peurett | 1754 m | Claro TI

Alpe di Cava | 2010 m | Biasca TI

Cadrin | 2135 m | Bregaglia GR

Plan Canin | 1984 m | Bregaglia GR

Chamanna Segantini | 2729 m | Pontresina GR

Repar da lavinas Foura da l'Amd Ursina | 2629 m | Pontresina GR

Chamanna Georgy | 3175 m | Pontresina GR

Parkplatz Dürrboden | 2003 m | Davos GR

Alp digl Oberst | 2182 m | Mathon GR

Tegia Durschin / Bifertenhütte (niev) | 2478 m | Breil/Brigels GR

Tegia Durschin / Bifertenhütte (vegl)
2480 m | Breil/Brigels GR

Tegia Rubi Sura | 2171 m | Breil/Brigels GR

Chischarolas | 1505 m | Breil/Brigels GR

Muttseehütte | 2495 m | Glarus Süd GL

Segnespass Mountain Lodge
2625 m | Glarus Süd GL

Gipfelhütte Alvier | 2333 m | Wartau SG

Roslenalp / Oberalp | 1762 m | Sennwald SG

Strandbad Seegräben | 540 m | Seegräben ZH

Seefeld | 438 m | Uster ZH

Alpina-Hütte | 690 m | Zürich ZH

Teehütte Fallätsche | 720 m | Zürich ZH

Albisstübli | 827 m | Langnau am Albis ZH

Waldwirtschaft Schlossranden | 887 m | Schleitheim SH

Chorntal | 431 m | Gipf-Oberfrick AG

Lagerplatz Ewegstafel | 980 m | Zug ZG

Grathüttli | 1303 m | Gersau SZ

Forsthütte Ronenboden | 1290 m | Küssnacht SZ

Gruebisbalm | 899 m | Vitznau LU

Brueder Alpeli | 1670 m | Alpnach OW

Alp Matt | 1508 m | Erstfeld UR

Wängi Mittsten Hütten | 1459 m | Bürglen UR

Golzernsee | 1424 m | Silenen UR

Schöni | 1881 m | Andermatt UR

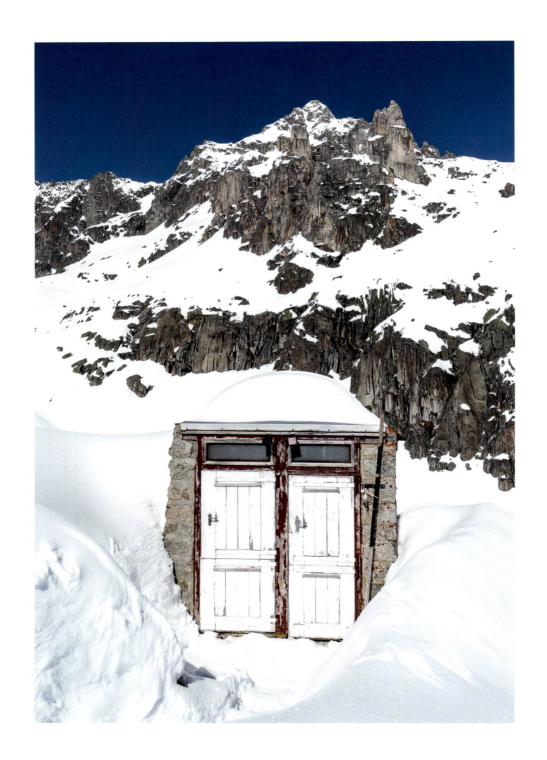

Albert-Heim-Hütte | 2540 m | Realp UR

Lüftungsschachtkopf Bäzberg / Hinter dem Berg | 1440 m | Andermatt UR

Auf dem Berg | 1966 m | Göschenen UR

Grassenbiwak | 2640 m | Engelberg OW

Berghaus Männdlenen (Weberhütte) | 2341 m | Lütschental BE

Guggihütte | 2791 m | Lauterbrunnen BE

Lobhornhütte | 1957 m | Lauterbrunnen BE

Mutthornhütte | 2900 m | Lauterbrunnen BE

Fisischafberg | 2093 m | Kandersteg BE

Wildstrubelhütte | 2783 m | Lenk BE

Cabane forestière des Echos | 664 m | Courgenay JU

Combe à l'Ours | 763 m | Les Brenets NE

L'Arvoux | 775 m | Les Brenets NE

Creux de Champ | 1315 m | Ormont-Dessus VD

Refuge de Pierredar
2297 m | Ormont-Dessus VD

Cabane Plan Névé | 2262 m | Bex VD

Cabane de Saleinaz | 2693 m | Orsières VS

Cabane de Valsorey
3028 m | Bourg-Saint-Pierre VS

Li Tsafioeu | 2090 m | Orsières VS

Bivouac de l'Aiguillette à la Singla | 3170 m | Bagnes VS

Cabane de la Tsa | 2599 m | Evolène VS

Cabane des Vignettes | 3160 m | Evolène VS

Bivouac au Col de la Dent Blanche
3553 m | Evolène VS

Arbenbiwak | 3218 m | Zermatt VS

Schönbielhütte | 2690 m | Zermatt VS

Lagginbiwak | 2424 m | Simplon VS

Monte-Leone-Hütte | 2848 m | Ried-Brig VS

Mändeli | 2498 m | Obergoms VS

Konkordiahütte | 2840 m | Fieschertal VS

Oberaarjochhütte | 3256 m | Fieschertal VS

Nachwort
Marco Volken

Am Anfang dieser Bildserie stand nicht eine Absicht. Sondern zufällige Entdeckungen in der freien Natur, oft an den unwahrscheinlichsten Orten. So ergaben sich erste Aufnahmen, ganz beiläufig. Mit der Zeit wurde eine Sammlung daraus, dann eine kleine Feldstudie, die mich manchmal zu einer systematischen Erkundung bestimmter Landstriche führte. Das vorliegende Buch ist eine Art Zwischenbericht dieser persönlichen Neugier. Einzelne dieser Bauten existieren mittlerweile nicht mehr, oder sind kaum mehr in Gebrauch. Und alle hätten sie interessante Geschichten zu erzählen.

Vorläufiges Fazit: Die Architektur der kleinen Dinge geniesst ganz offensichtlich eine Freiheit, die erhabeneren Gebäuden meist verwehrt bleibt. Sie ist eine Chance zur Anarchie, und sie wird auf unterschiedlichste Art genutzt. Jeder Stille Ort balanciert so ganz individuell zwischen Zweckmässigkeit und Witz, Originalität und Sparsamkeit, Minimalismus und Würde, Facharbeit und Gebastel, zwischen Intimität, Gemütlichkeit und Ungezwungenheit.

Und manchmal ist es nur Sitte. Zur Not tut's ja auch ein Gebüsch, wenn es denn eines gibt.

Épilogue
Marco Volken

Les images présentées ici ne résultent pas d'une intention de départ mais sont simplement les fruits de découvertes fortuites en pleine nature, souvent dans les endroits les plus improbables. Les premiers clichés sont ainsi nés en passant. Une collection s'est alors constituée au fil des années, elle a fini par déboucher sur une étude de terrain qui m'a parfois poussé à une exploration plus systématique de certains coins de territoire. Le livre que vous avez sous les yeux peut donc être considéré comme le rapport intérimaire de cette curiosité personnelle. Certaines de ces constructions ont disparu depuis ou ne sont quasiment plus utilisées. Elles auraient toutes bien des choses intéressantes à raconter.

Conclusion provisoire : l'architecture à petite échelle jouit de toute évidence d'une liberté qu'elle n'a plus quand elle s'attaque à des édifices plus imposants. Cette porte ouverte sur l'anarchie est utilisée de manière extrêmement diversifiée. Chaque « petit coin » est donc un compromis individuel entre la fonctionnalité et l'humour, l'originalité et la parcimonie, le minimalisme et la dignité, l'expertise et le bricolage, aux confins de l'intimité, du confort et de la décontraction.

Finalement tout est question d'habitude : un buisson fait aussi très bien l'affaire, pour peu d'en trouver un.

Epilogo
Marco Volken

Le immagini qui presentate non risalgono a un'intenzione, ma a scoperte occasionali in mezzo alla natura, spesso nei luoghi più improbabili. Le prime fotografie sono di fatto nate *en passant*. Con gli anni ne è risultata una collezione, poi un piccolo studio etnografico, che a volte mi ha spinto a esplorare in modo sistematico determinati angoli di territorio. Il presente volume è una sorta di resoconto provvisorio di questa curiosità personale. Delle costruzioni ritratte, alcune ormai non esistono più, o sono pressoché dismesse. E tutte saprebbero raccontare storie interessanti.

Un primo bilancio: l'architettura minuta gode evidentemente di una libertà spesso preclusa a opere più nobili. Una libertà aperta all'anarchia e interpretata in modo assai individuale. Così, ogni ritirata si rivela compromesso, tutto suo, tra funzionalità e umorismo, originalità e parsimonia, minimalismo e decoro, perizia e bricolage, tra intimità, accoglienza e disinvoltura.

A volte è poi solo un vezzo. Che basta un cespuglio, se ce n'è.

Epilogue
Marco Volken

There was no original intention behind this book. Instead it was random discoveries in raw nature, often in the most peculiar places. Thus the first images were captured, very much unplanned. Over time it grew into a collection followed by field work that systematically investigated targeted areas. This book is sort of a midway status report of this personal, curiosity-driven quest. Some of these constructions no longer exist or are no longer in use. But all have an interesting story to tell.

Preliminary conclusions: the architecture of the small enjoys a degree of freedom larger buildings are not privileged with. It's an opportunity for anarchy, an opportunity that is acted on in countless ways. Each quiet place balances uniquely between practical and the comic, original and conservative, minimal and dignified, craftsmanship and improvisation, between intimacy, comfort, and informality.

And sometimes it's just a necessary ritual. In the worst case, a bush will do, if there's one around.

Dank / Remerciements / Ringraziamenti / Acknowledgments

Urs Bolz, Matthias Weber, Claudia Heppeler, Heinz von Arx, Erminio Ferrari, Aldo Maffioletti, Claude Richard, Robert Michaels, Bertrand Semelet, Martin Gutmann, Beat Hächler, Lea Bähler, Daniel Anker, Manuel Haas, Roberto Grizzi, Waldo Morandi, Caroline Fink, Andrea Montali, Bea Volken.

Mittelaletschbiwak | 3006 m | Bettmeralp VS
Bivouac du Dolent / La Maye | 2665 m | Orsières VS

Zwinglipasshütte | 2001 m | Wildhaus-Alt St. Johann SG

Postazione militare Fieudo | 2232 m | Airolo TI

Fründenhütte | 2558 m | Kandersteg BE
Lobhornhütte | 1957 m | Lauterbrunnen BE

Gandegghütte | 3029 m | Zermatt VS
L'Arvoux | 775 m | Les Brenets NE
Cabane forestière du Pichoux | 566 m | Courgenay JU

Brueder Alpeli | 1670 m | Alpnach OW
Burg Innerjuvalt | 785 m | Rothenbrunnen GR

Cabane de l'A Neuve | 2728 m | Orsières VS

Hotee | 1242 m | Visperterminen VS

Cabane de la Tsa | 2599 m | Evolène VS
Glecksteinhütte | 710 m | Zürich ZH

Pidiozza | 874 m | Onsernone TI

Refuge de Chapelle-sur-Moudon | 817 m | Montanaire VD
Ober Stock | 992 m | Arth SZ